친구들, 이제 곧 여름이야.

창문 밖 그림이 초로록 나무로 가득하고

해님은 자꾸만 나오라고 문을 두드리는 거 같지 않아?

사실 우리 엄마 아빠는, 바깥 나들이할 때면 나를 데려가고 싶어 하는 곳이 있어.

미술관, 박물관 말이야.

음…. 처음엔 좋아하지 않았어. 뛸 수가 없고 만질 수도 없다잖아….

그런데 박물관에서 내가 꼭 만나고 싶던 스테고사우루스를 보게 된 거야.

엄청나게 컸어. 커다란 공룡 책에 내가 들어온 거 같았다고!

또 어떤 박물관이랑 미술관이 있을지 궁금해졌어.

그래서 내가 'WEE DOO 박물관'을 만들어 봤지.

그런데 곳곳에 채워지지 않은 게 많아.

빈 액자에 네 얼굴을 그려주고, 조각난 작품도 맞춰주면 좋겠어.

가면을 쓰고 유명한 그림 속 주인공도 되어 보자고.

다 해보고 나면 이 책이 우리의 박물관, 미술관이 되지 않을까?

FUNNY THINGS HAPPENED AT THE MUSEUM

박물관이랑 미술관을 가만히 서서 감상만 하는 곳으로 아는 거 아니지?
여기에서 할 수 있는 재미난 일들이 이렇게나 많다고!

1 HAPPY BIRTHDAY

내 생일파티에 초대할게. 넓은
이곳에서 오늘은 내가 주인공!

2 MUSIC AND ART

그림 옆에서 노래를 듣고
몸을 흔들흔들.

3 LET'S YOGA

머리가 상쾌해지고,
키가 쑥쑥 큰대!

4 SLEEP OVER WITH DINOS

어둠이 밀려오면
내 친구 티라노사우루스 옆에서
잠을 잘거야.

MUSEUM MANNER FOR EVERYONE

박물관이 우리에게 부탁이 있대. 들어보고 가야겠지?

1 사뿐사뿐 걸어요.

2 소곤소곤 이야기해요.

3 보호자의 손을 꼭 잡아요.

4 플래시를 터뜨리면 작품이 아파요.

5 음식을 먹거나 마시지 않아요.

6 작품은 손 대신 눈과 귀로 느껴요.

WEE DOO MUSEUM

GUESS THE PIECE OF ARTWORK

뒷장에 두 개의 작품이 있어.
그런데 속상하게도 조각이 나 있지 뭐야.
같이 오려서 맞춰볼래?
원래의 모습을 찾아주자.

파블로 피카소, 꿈
cut!

청화백자 매죽문 호(국보219호)
say hello to your finger.

MOMMY! MOMMY! WHERE ARE YOU?

아기 공룡 네 마리 중 누가 엄마를 만나게 될까?

MAKE PAPER MASK!

Doo Became Frida Kahlo

Ari, Who Are You Now?

ROUND AND ROUND JUMEOK-BAP

1 밥에 들깨와 소금, 참기름을 넣고

2 골고루 섞어줘.

3 쪽파를 잘게 썰어서

4 참치랑 마요네즈랑
같이 비벼줘.

5 밥을 납작하게 편 다음
참치 속을 올리고

6 속이 삐져나오지 않게
밥을 덮고 둥글둥글 굴려!

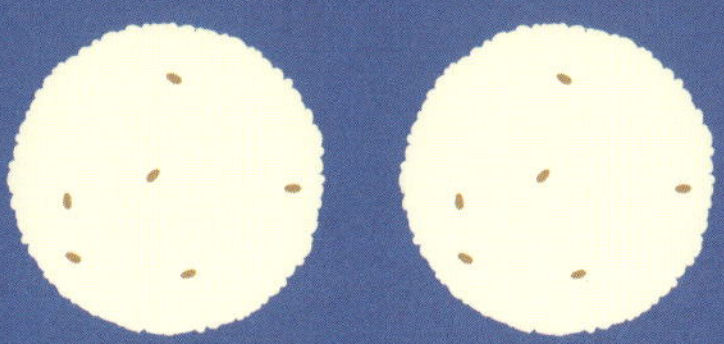

7 하얀 주먹밥이 좀 심심하면
김을 잘라서 붙여봐.

8 짠~ 주먹밥에 얼굴이 생겼어!

HERE WE GO ROUND

둥근 해가 뜨고 나면 우리가 매일 하는 일들을 노래로 불러볼까 해.

here we go round the mulberry bush
the mulberry bush, the mulberry bush
here we go round the mulberry bush
so early in the morning

this is the way we wash our face,
wash our face, wash our face
this is the way we wash our face
so early in the morning

THE MULBERRY BUSH

this is the way we comb our hair,
comb our hair, comb our hair
this is the way we comb our hair
so early in the morning

this is the way we brush our teeth,
brush our teeth, brush our teeth
this is the way we brush our teeth
so early in the morning

this is the way we put on our clothes,
put on our clothes, put on our clothes
this is the way we put on our clothes
so early in the morning

WEE DOO Video Channel!

THINGS RELATED TO THE MUSEUM

박물관과 연관된 것들을 모아봤어. 이걸 뭐라고 부르는지 아는 사람?

MUSEUM

박물관

MASTERPIECE

명작

FOSSIL

화석

RELIC

유물

SELF-PORTRAIT

거울 속에 비친 멋진 네 얼굴을 그대로 액자에 옮겨 그려봐.
삐뚤빼뚤 서툴러도 좋아. 그게 바로 네 자화상이야!

FIND ANIMALS IN THE EXHIBITION!

Illustrator Subin Yang

이곳은 세계적인 예술가들의 조각품들을 모아놓은 〈만들어볼까요?〉 전시장이야.
어? 그런데 자세히 봐봐. 동물들이 숨어있어! 우리랑 숨바꼭질하려고 하나 봐.
누구는 자기도 작품인 척 거꾸로 매달려 있고, 누구는 몸이 너무 커다래서 제대로 숨지도 못했네.
그럼 우리 다 같이 찾아볼까?

COME TO SEE THE TYPO MUSEUM

꼬물 꼬물 글자로 만든 뮤지엄을 상상해봐.

BY PAPAWORKROOM

전혜율 8세, 김태은 9세, 최아인 8세, 이선유 8세

한지우 10세, 송예원 10세, 구은서 9세

LET'S DO IT. 다양한 글자들을 쓰거나 오려 붙여 나의 글자 박물관을 쌓아보세요.

PAPA 파파워크룸papaworkroom은 어린이 시각 아트워크를 진행하는 소규모 스튜디오다. 장르와 소재를 불문하는 다양한 키워드로 새로운 시각물과 이야기를 만들어 나가고 있다.

MY ECCENTRIC FRIEND'S STORY

내 친구 병진이를 소개합니다

우리가 처음 만난 건 삼 년 전, 그러니깐 일학년 때다. 팽이 놀이나 축구를 좋아하던 다른 남자아이들과 다르게 항상 메뚜기를 잡거나 나비를 쫓으러 다니느라 바빠 보이던 병진이. 늘 손에서 '곤충'에 관련된 책을 놓지 않은 꼬마 파브르 같던 친구였다. 그런 병진이를 사학년인 지금 다시 만났는데, 이제 곤충이 아닌 역사와 유물에 푹 빠져 있다고 했다. 도대체 왜 병진이는 역사에 빠진 건지 궁금했다. 무언가에 푹 빠져 몰두하기를 좋아하는 병진이를 만나 물어보았다.

글·그림 연지우

내 친구 병진이를 소개합니다

my eccentric friend's museum

언제부터 역사를 좋아하게 되었나요?
2018년 3학년 말 때부터 좋아하게 되었다.

어느 박물관을 가장 좋아하나요?
국립중앙박물관.

그곳을 왜 좋아 하나요?
유물들이 많아서 재밌기 때문이다.

박물관은 어떤 곳이라고 생각하나요?
볼 게 많아서 재밌는 곳

박물관은 이 세상에 필요한 지 필요없는지 까닭 까지 알려 주세요.
박물관은 이 세상에 필요하다. 그 까닭은 지식을 많이 얻을 수 있기 때문이다.

장래 희망이 무엇인가요?
역사학자

만약 없어졌는데(지금 이 세상에 없는데) 보고 싶은 유물과 왜 보고 싶은지 까닭을 알려주세요.
황룡사 구층목탑. 보고 싶은 이유는 불에 타서 이제 볼 수 없기 때문이다.

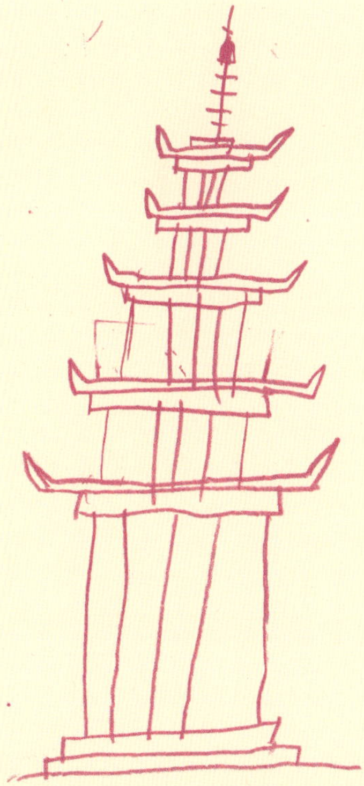

병진 중앙 박물관

안압 주사위

병진이가 백제금동향로 보고싶어.

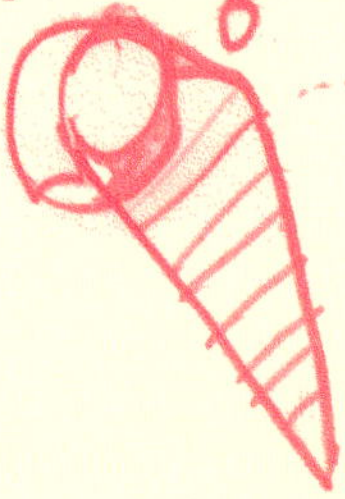

가보고 싶은 박물관이 있나요?

국립부여박물관

왜 가보고 싶나요?

백제금동대향로를 보고 싶다.

옛날에 조상님들이 사용했던 물건에 대해 어떻게 생각하나요?

현재 물건보다 더 뛰어나다고 생각합니다.

박물관에 가면 어떤 감정을 느끼나요?

행복한 감정을 느낀다.

만약 자신의 박물관을 열 수 있다면 그 박물관의 이름은?

병진중앙 박물관.

WELCOME TO THE MASK SHOW

쥬트 박물관에서 '가면 전시회'를 열었대.
형형색색 여러 종류의 가면들을 구경해 볼까?

이재인 6세

크르르릉 야옹~
귀여운
핑크 고양이.

최은서 6세

나도 무지개 색
고양이가
되고 싶어!

김소정 6세

나는, 남극의 여왕!
모두 얼려버리겠다!

BY ZUT ATELIER

형형색색 여러 종류의 가면들을 모두 한자리에서 감상할 수 있어.

전시연 9세

달 표면에 떨어지는 작은 운석들과
우주 속 신비로운 행성들의
모습을 담았어.

김태형 6세

이 가면을 쓰면
멋진 갈기가 달린
세상에서 가장 빠른
말이 될 수 있어.

성인후 7세

휘몰아치는 파도 속에서 다정히 앉아 있는
갈매기 두 마리의 모습을 나타냈어.

딩가 딩가~
가면 쓰고 기타 치는
내가 바로 복면가왕!

전진하 7세

이승범 7세, 서시환 6세

정말 이 가면을 쓰면 지구를 구하는 히어로로 변신할 수 있을까?

주현서 5세

반짝거리는 보석으로 장식된 왕관을 쓴 공주님이 되고 싶어.

김려은 6세

번쩍이는 화려한 황금가면 속에 진짜 얼굴이 궁금하지?

우지은 5세

빨, 주, 노… 예쁜 빛깔 레인보우 마스크를 소개할게.

손태오 5세

멋진 호랑이 무늬 가면을 썼어.

이렇게 많은 가면들이 전시되어 있으니 꼭 가면 축제에 와 있는 거 같지 않아?
멋진 가면을 쓰고 노래를 부르며 가면 파티를 열어보는 건 어때?

김태형 6세

세상에 하나뿐인
멋쟁이 블랙토끼로
변신 완료!

쥬트zut!는 생각하는 아이를 키워내기 위한 프랑스 국립학교의 융합예술 커리큘럼으로 구성된다.
수업은 패브릭 아트 섹션과 파인 아트 섹션으로 진행된다. zutkorea.com

BREAD EXHIBITION IS OPEN

우리는 여러 종류의 빵을 그렸어. 우리들의 베이커리 전시회를 꿈꾸며.

BY BDC ARTSTUDIO

정희주 9세

구혜민 11세

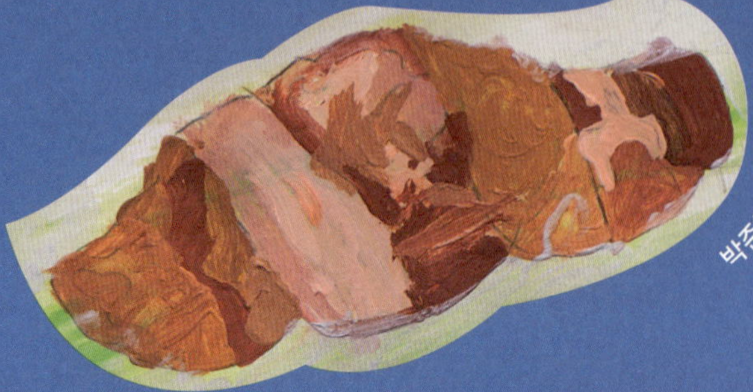

박준형 10세

김시현 9세

장서원 6세

김시현 9세

고민경 9세

박성훈 7세

장나원 8세

비디씨 아트스튜디오BDC;bigdaycoming는 아이들이 소소한 일상에서 얻은 영감을 다양한 문화·예술 분야와 연계해 미술 활동으로 녹여낸다. 아트워크 클래스를 비롯해 비디씨 드로잉 클럽 등을 운영하고 있다. bigdaycoming.org

MY MINI MINI BOOK

손에 쏙 들어가는 그림책, 스스로 만들 수 있어!

까망이는 멋져

글·그림 정두나 | **재미마주**

이 책은 한동네에 사는 길고양이 '까망이'와 작가의 우정을 담은 책이다. 작가는 늘 길을 조용히 거닐고, 성격은 쿨한 까망이를 여러 가지 모습으로 표현한다. 서로 주고받는 '톡'과 이모티콘이 대화의 전부지만, 까망이에 대한 애정어린 시선이 잘 드러나 있다.

WAIT FOR OTHER FRIENDS

동그라미, 세모, 네모가 숲으로 소풍을 나왔어. 미리 도착한 셋은 숨바꼭질을 하고 호수 근처에서 달리기 시합도 했지. 다른 아이들과도 함께 놀고 싶은데, 네가 친구들을 더 그려줄래?

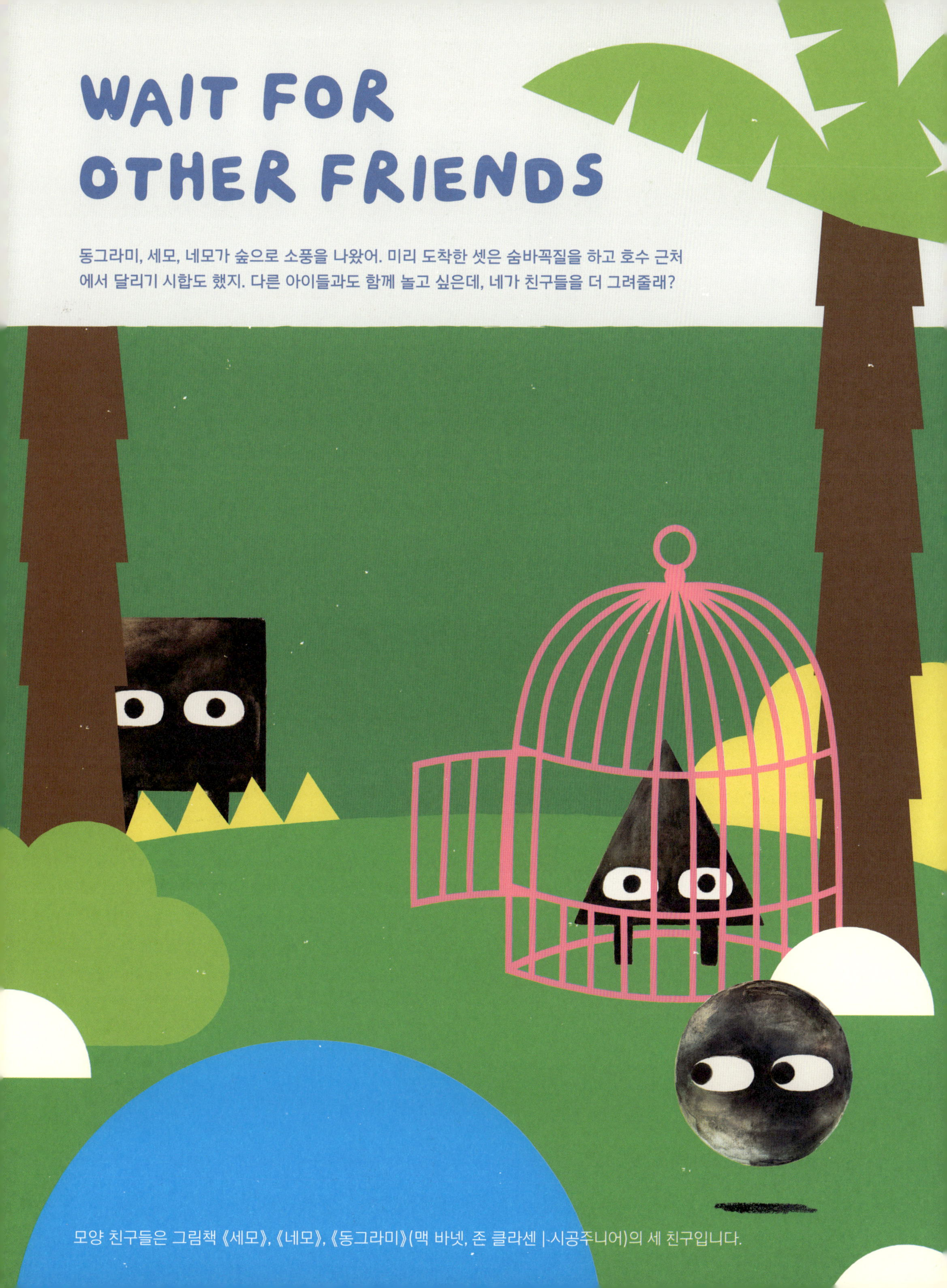

모양 친구들은 그림책 《세모》, 《네모》, 《동그라미》(맥 바넷, 존 클라센 | 시공주니어)의 세 친구입니다.

WHO WILL ARRIVE AT THE MUSEUM FIRST?

1 두랑 아리를 오려서 말을 만들고 주사위를 준비한다.
2 가위바위보로 누가 먼저 출발할지 정한다.
3 순서대로 주사위를 던지고 나온 숫자만큼
칸을 옮기며 뮤지엄으로 간다.
4 먼저 도착하는 사람에게 축하를,
늦게 도착한 사람에게는 격려의 박수를!

아깝지만 맨 처음 칸으로 돌아가요.

+3은 세 칸 앞으로,
-4는 네 칸 뒤로!

사다리로 이어진 칸으로
넘어갈 수 있는 찬스예요.

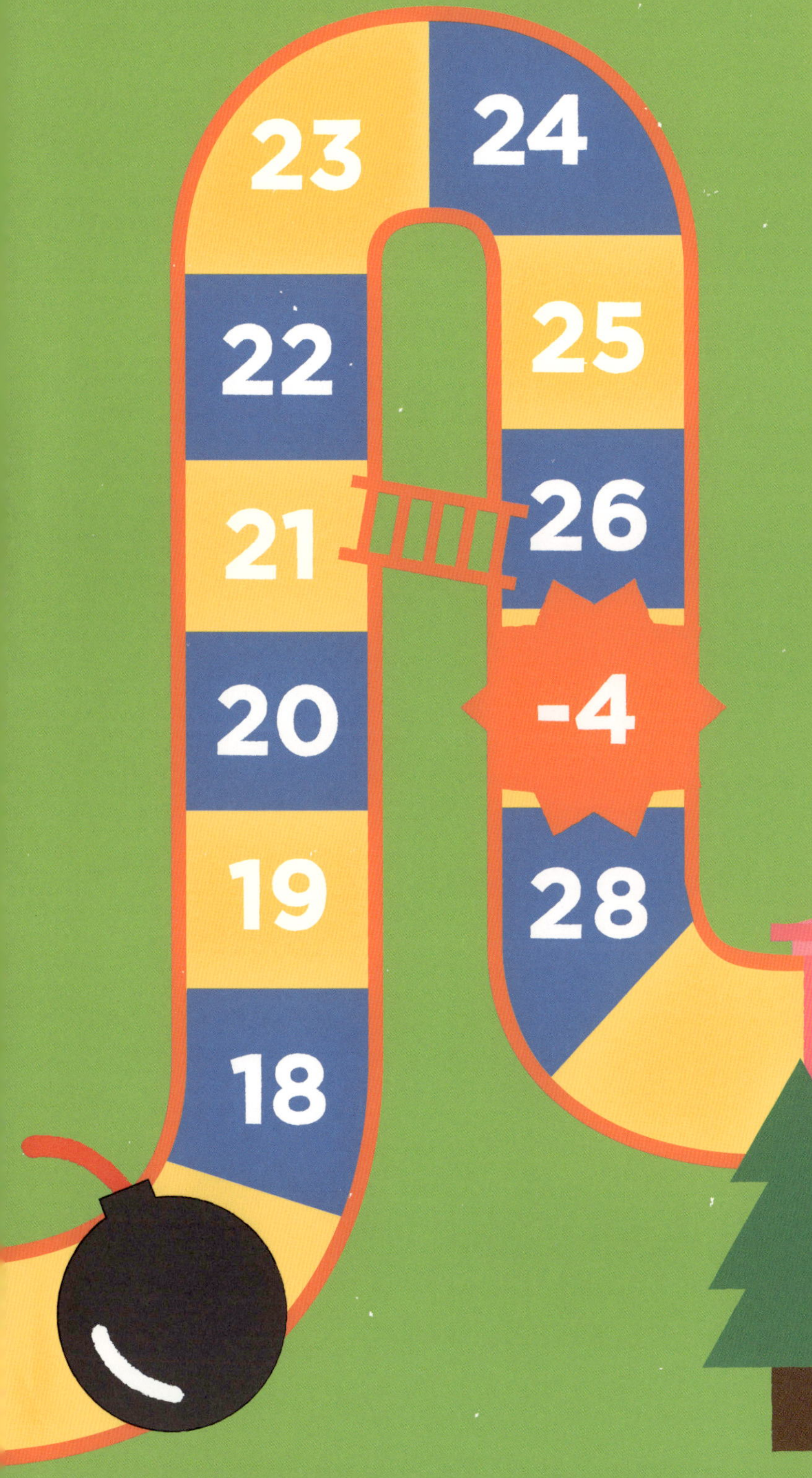

MAKE YOUR CERTIFICATE!

두랑 아리랑 함께한 뮤지엄 나들이 즐거웠지? 여기 'WEE DOO MUSEUM' 도장이 찍힌 수료증을 발급해 줄게. 이름을 적고 사진을 붙여봐. 뮤지엄에서 본 것처럼 멋진 그림이나 문구를 넣어도 좋아.